CRISTO, NOSSA PÁSCOA

O melhor de
CHARLES SPURGEON

CRISTO, NOSSA PÁSCOA

Traduzido por
BÁRBARA TOMAZ

Publicado por GodBooks Editora

Edição Maurício Zágari
Organização Armando Marcos
Capa Marcus Nati
Diagramação Luciana Di Iorio
Revisão Vittor Rocha

Texto publicado em parceria com Projeto Castelo Forte — Divulgando o evangelho do SENHOR — www.projetocasteloforte.com.br.

CIP-Brasil. Catalogação na publicação
Sindicato Nacional dos Editores de Livros, RJ

S772

Spurgeon, Charles
Cristo, nossa Páscoa/ Charles H. Spurgeon; tradução de Bárbara Tomaz. — 1. ed. — Rio de Janeiro: GodBooks, 2022.

80 p.

ISBN 978-65-89198-23-9

1. Spurgeon. 2. Sermões. 3. Pregações. 4. Páscoa. I. Título

CDD: 241
CDU: 242

Categoria: Vida cristã

Publicado no Brasil com todos os direitos reservados por:
GodBooks Editora
Rua Almirante Tamandaré, 21/1202, Flamengo
Rio de Janeiro, RJ, Brasil, CEP 22210-060
Telefone: (21) 2186-6400
Home page: www.godbooks.com.br

1ª edição: abril de 2022
Edição original: 1855

Sumário

Apresentação

A Editora GodBooks tem imensa alegria de iniciar a série *O melhor de Charles Spurgeon* com esta obra, que trata de uma temática central do evangelho: a Páscoa. Como o servo de Deus que era, apaixonado por Jesus Cristo, certamente o "príncipe dos pregadores" não poderia deixar de fora de seus sermões esse assunto tão importante. E o abordou com brilhantismo.

A obra que você tem em mãos é formada pela união de dois sermões pregados por Spurgeon, em 1855, na New Park Street Chapel, em Londres. São duas mensagens que, juntas, formam uma bela unidade e se complementam: *Cristo, nossa Páscoa*, pregada na noite de sábado, 2 de dezembro daquele ano; e *Êxodo*, pregada uma semana depois, em 9 de dezembro.

As palavras pronunciadas por Spurgeon um século e meio atrás carregavam, como era de hábito em seus sermões, uma força e um envolvimento vitalizantes, capazes de eletrizar seus ouvintes imediatos. E, ainda hoje, essas palavras têm o poder de tocar profundamente os leitores que desfrutam do privilégio de acessar seus sermões — felizmente, preservados de forma escrita para a posteridade.

A GodBooks, em parceria com o Projeto Castelo Forte, convida você a se deleitar espiritualmente com as palavras divinamente iluminadas de Charles Haddon Spurgeon — palavras que nos confrontam, desafiam e conduzem para perto daquele que é o centro do evangelho: Jesus de Nazaré, o Cordeiro de Deus, que tira o pecado do mundo.

Boa leitura!

Maurício Zágari

Editor

Prefácio

Por causa da conhecida ênfase protestante nas Escrituras, o estudo, a interpretação, a exposição e a pregação da Palavra de Deus sempre ocuparam grande destaque nas igrejas originárias da Reforma. Os últimos séculos têm testemunhado o surgimento de notáveis pregadores bíblicos nesse movimento, indivíduos que impactaram profundamente os seus contemporâneos e as gerações posteriores graças ao vigor, à profundidade e à relevância de sua proclamação. No século 16, alcançaram forte proeminência os próprios reformadores. No século 17, destacaram-se os puritanos ingleses. No século 18, foram notáveis os líderes dos grandes despertamentos, tanto na Inglaterra como na América do Norte. O século 19 também testemunhou a atuação de grandes príncipes do púlpito, o maior dos quais, na opinião de muitos estudiosos, foi Charles Haddon Spurgeon.

Esse ilustre personagem era filho e neto de pastores independentes ou não conformistas (congregacionais). Aos 15 anos, converteu-se ouvindo um pregador leigo falar sobre Isaías 45.22 em uma capela metodista, e filiou-se à Igreja Batista. No ano seguinte, ainda adolescente, começou a pregar de maneira incomum e, em 1854, sem nunca ter sido ordenado formalmente, assumiu o pastorado da histórica igreja de New Park Street, na capital inglesa, na qual iria permanecer por quase quatro décadas, até sua morte, aos 57 anos. No decurso do seu ministério, criou uma escola para a formação de pastores (atual Spurgeon's College), um orfanato e muitas outras organizações. Todavia, sua notoriedade em maior parte derivou de um vigoroso trabalho de pregação a grandes auditórios, dentro e fora de sua igreja.

Spurgeon era dotado de uma bela voz, memória excepcional, apreciável cultura e personalidade cativante. Visando alcançar o maior número possível de pessoas, começou a publicar seus sermões ainda no início do seu pastorado em Londres. Em consequência disso, os 63 volumes de suas pregações fazem dele o autor com maior volume de publicações na história do cristianismo. Seu labor homilético era nutrido pelo estudo contínuo e profundo da Bíblia, vastas leituras de uma grande biblioteca pessoal e uma vida de grande integridade e consagração. Um autor observou que, em razão dessas qualificações, quando Spurgeon ocupava o púlpito, ele exemplificava o compromisso cristão, algo que conferia poder às suas pregações. De modo admirável, tudo isso ocorreu num contexto de grandes responsabilidades, enormes lutas e difíceis problemas de saúde.

Um elemento fundamental nos sermões de Spurgeon foi a sua orientação teológica. Pertencendo a uma família herdeira da tradição puritana dos séculos 16 e 17, desde a infância ele manteve estreito contato com os escritos desse fecundo movimento. Os puritanos ficaram conhecidos por intensa vida devocional, interesse pelas Escrituras, zelo pastoral, pregação fervorosa e cultivo intelectual, sendo grandes expoentes do calvinismo (ou tradição reformada). Como um calvinista convicto, que reconhecia a importância crucial da teologia, os sermões de Spurgeon se concentravam nas grandes verdades da Escritura, como a corrupção do ser humano, a majestade de Deus, sua livre graça na eleição de pecadores, a expiação realizada por Cristo e a perseverança dos santos.

Em especial, sua pregação era radicalmente cristocêntrica: a pessoa e a obra redentora do Filho de Deus estavam no âmago de sua fé e de sua proclamação. Como ele declarou certa vez: "De tudo o que eu gostaria de lhes dizer, o resumo é este: meus irmãos, preguem a Cristo, sempre e mais e mais. Ele é todo o evangelho. Sua pessoa, seus ofícios e sua obra devem constituir nosso grande e abrangente tema. O mundo continua precisando ouvir falar de seu Salvador e do caminho para chegar a ele". Tudo isto pode constatado nos dois sermões aqui incluídos: "Êxodo" e "Cristo, nossa Páscoa", que Spurgeon pregou aos 21 anos. Neles podemos perceber sua reverência pela revelação divina, a preocupação em relacionar os dois testamentos, a maneira direta e incisiva como se dirigia aos ouvintes e, acima de tudo, sua preocupação em exaltar o caráter sublime e insubstituível do Redentor.

Rev. Dr. Alderi Souza de Matos
CPAJ — Instituto Presbiteriano Mackenzie

1

Êxodo

E aconteceu que, passados os quatrocentos e trinta anos, naquele mesmo dia, todos os exércitos do Senhor saíram da terra do Egito.

Êxodo 12.41

É nossa firme convicção e crescente fé que os livros históricos das Escrituras foram destinados a nos ensinar as questões espirituais por tipos e figuras. Acreditamos que toda porção da história das Escrituras não é apenas uma fiel transcrição do que realmente aconteceu, mas, também, uma sombra do que espiritualmente ocorreu nos procedimentos de Deus com seu povo, ou nas dispensações de sua graça para o mundo todo. Não olhamos para os livros históricos das Escrituras como sendo simples rolos de história, como os autores descrentes podem ter escrito, mas os consideramos como sendo a mais verdadeira e infalível recordação do passado e o prenúncio mais brilhante e glorioso do futuro, ou metáforas das mais incríveis e maravilhosas ilustrações de coisas que são realmente recebidas entre nós e verdadeiramente sentidas no coração cristão. Nós podemos estar errados — nós cremos que não estamos —; de qualquer modo, o próprio erro nos deu instruções e nossos erros nos proporcionaram conforto.

Olhamos para o livro de Êxodo como sendo um livro de tipos de libertações as quais Deus concede para seu povo eleito, não apenas como uma história sobre o que ele fez ao tirá-los do Egito, ferindo os primogênitos, levando-os através do mar Vermelho, guiando-os por regiões selvagens, mas também como uma imagem da sua fidelidade ao seu povo. Povo esse que, pelo sangue de Cristo, ele separou dos egípcios e, por sua forte e poderosa mão, tirou do cativeiro e da terra da escravidão. Na noite do último domingo, observamos o tipo da Páscoa, o Cordeiro Pascal, e mostramos a vocês como o sangue aspergido e o cordeiro consumido eram tipos do sangue aplicado na nossa justificação, e como a carne recebeu por dentro a comunhão com Jesus, a alma vivendo e se alimentando dele. Nós, agora, tomamos o êxodo, ou a ida dos filhos de Israel para fora do Egito, como sendo uma figura de fuga de todos os vasos de misericórdia da casa de seus opressores, e como a libertação de todos os cativos das cadeias de seus cruéis capatazes.

A terra do Egito é a imagem da casa da escravidão na qual todo o povo da aliança de Deus foi, mais cedo ou mais tarde, conduzido por causa de seus pecados. Todos aqueles a quem Deus pretende dar uma herança em Canaã ele terá de, primeiro, retirar do Egito. Até mesmo o próprio Jesus Cristo foi para o Egito antes de aparecer publicamente como um mestre perante o mundo, isto é, em seu caso, bem como para que, em todo cristão, a profecia possa ser cumprida — "Do Egito eu chamei meu Filho." (profecia em Oseias 11.1, citada em Mateus 2.15).

Todos aqueles que desfrutam da liberdade com a qual Cristo nos torna livres primeiramente devem sentir a amarga escravidão do pecado. Nossos pulsos devem doer pelos grilhões de nossa iniquidade e nossas costas devem sangrar pelo açoite da Lei — o capataz que nos conduz a Jesus Cristo. Não há nenhuma verdade na libertação a qual não procede do verdadeiro cativeiro. Não existe verdadeira libertação do pecado, a menos que nós, antes de tudo, tenhamos lamentado e clamado diante de Deus, como o povo de Israel fez quando esteve cativo no Egito. Todos devemos servir na olaria, devemos estar cansados de labutar nas obras, ou, do contrário, nunca poderíamos realizar aquele glorioso verso do salmo 68.13 — "Mesmo os que viviam entre os currais de ovelhas encontraram pombas com asas de prata e penas de ouro".

Todos aqueles que desfrutam da liberdade com a qual Cristo nos torna livres primeiramente devem sentir a amarga escravidão do pecado. Nossos pulsos devem doer pelos grilhões de nossa iniquidade e nossas costas devem sangrar pelo açoite da Lei — o capataz que nos conduz a Jesus Cristo.

Nós devemos ser escravos antes da liberdade. Antes da ressurreição precisa vir a morte, antes da vida vem a corrupção, antes de sermos tirados do horrível poço e do barro lamacento devemos exclamar: "Eu estou em um lodo profundo onde não há onde pisar', e aqui, como Jonas, nós podemos ser tirados da barriga do grande peixe e, libertos de nossos pecados, deveríamos ter sido levados para o fundo das montanhas, com ervas daninhas enroladas em nossas cabeças, estremecendo sob uma profunda sensação de impotência e temendo que a terra estivesse sobre nós para sempre. Tomando isso como motivo, vocês verão que a libertação do Egito é uma bela imagem da libertação de todo o povo de Deus, da sujeição da Lei e da escravidão dos seus pecados.

O MODO DE SAÍDA

Primeiro, considere *o modo como eles saíram*. Quando os filhos de Israel saíram do Egito, foi um notável acontecimento. eles foram forçados pelos egípcios, os mesmos que enriqueceram com o cativeiro, pois diziam: "Todos seremos mortos." (Êx 12.33). Eles imploraram e suplicaram para irem, sim, eles os apressaram e deram joias para que pudessem partir, e os fizeram abandonar a terra.

É impressionante que os próprios pecados que reprimiram os filhos de Deus no Egito são os mesmos que foram levados por Jesus. Nossos pecados nos fizeram escravos enquanto nós estávamos no Egito e, quando o Espírito Santo de Deus os incita contra nós, eles nos atingem como chibatadas cruéis, até que nossa alma seja usada em extrema escravidão. Mas esses próprios pecados, pela graça de Deus, são feitos como os meios de nos conduzirem ao Salvador. A pomba não voa para o seu ninho a menos que a águia a persiga, então, os pecados, como as águias, perseguem a alma tímida, fazendo-a voar para as fendas da Rocha Jesus Cristo, para se esconder. Antes, amados, nossos pecados nos afastavam de Cristo, mas agora todo pecado nos leva a ele para perdão. Eu não conheceria a Cristo se não tivesse conhecido o pecado, não teria conhecido um Libertador, se não tivesse padecido pelas mãos dos egípcios. O Espírito Santo nos dirigiu a Cristo, assim como os egípcios exortaram os filhos de Jacó para que saíssem do Egito.

Novamente, os filhos de Israel saíram do Egito *cobertos com joias e com suas melhores roupas*. Os judeus sempre, em seus dias de festas, desejavam usar joias e todos os tipos de roupas elegantes;

quando eram pobres demais para possui-las, eles poderiam pegar emprestado joias para esse propósito. Então, isso foi notável nessa Páscoa. Eles tinham sido tão oprimidos que não haviam mantido nenhuma celebração por muitos anos, mas agora todos eles se vestiram com suas melhores vestes e, por ordem de Deus, pediram emprestadas aos egípcios joias de prata, de ouro e roupas, "O Senhor fez os egípcios serem bondosos com o povo, de modo que lhes entregaram tudo que pediram." (Êx 12.36).

Que ninguém fale que isso foi roubo. Teria sido, se não tivesse sido ordenado por Deus, mas, como um rei pode deixar suas próprias leis, Deus está acima de suas leis e tudo o que ele ordena é correto. Abraão teria sido culpado de assassinato ao pegar sua adaga para matar seu filho se Deus não tivesse ordenado a ele, mas o fato de Deus ter ordenado a ação a tornou justificável e correta. Mas, além disso, a palavra "entregaram", aqui está dito pelos melhores tradutores que o significado nada mais é do que os filhos de Israel lhes pediram suas joias, e não tinham qualquer intenção de devolvê-las, não fizeram nenhum acordo para fazê-lo. E era muito justo que eles devessem fazer isso, porque trabalharam durante anos para os egípcios, sem qualquer remuneração. Às vezes, a necessidade não tem lei, quanto mais aquele Deus que está acima de todas as necessidades será o mestre das próprias leis?

O grande legislador, o único Deus sábio, o rei dos reis, tem o direito de fazer leis que lhe agradem, não deixando que o homem se atreva a questionar o seu Criador quando ele lhe der uma ordem. Mas o fato é muito importante. Os filhos de Israel não saíram do Egito mal vestidos, saíram com suas melhores vestimentas e, além disso, haviam pego joias de ouro e de prata; pegaram roupas e saíram em júbilo de sua escravidão.

> O grande legislador, o único Deus sábio, o rei dos reis, tem o direito de fazer leis que lhe agradem, não deixando que o homem se atreva a questionar o seu Criador quando ele lhe der uma ordem.

Oh, amados, isso foi apenas como um filho de Deus sai do Egito. ele não sai do cativeiro com suas próprias vestes. Oh! Não, ele mantém as roupas que sempre mantivera no Egito, porém marcha com o sangue e a justiça de Jesus Cristo sobre ele, adornado com as boas graças do Espírito Santo.

Oh! Amado, se você pudesse ver um filho de Israel saindo do cativeiro do pecado, você diria: "Quem é este que vem do deserto? É este o pobre escravo que fazia tijolos sem palha? É este o desafortunado que não tinha nada além de trapos e farrapos com ele? É esta a pobre criatura cuja pessoa foi inteiramente mergulhada na lama do rio Nilo e que trabalhou na terra de Gósen sem salário ou pagamento?" Sim, este é ele, e agora ele está arrumado como um príncipe. Oh! Cada um desses homens está arrumado como um noivo enfeitado para seu casamento, e suas esposas se parecem com as noivas da realeza, vestidas com suas vestes nupciais. Todo filho de Deus, quando sai do Egito, está vestido com roupas elegantes.

"Estranhamente, minha alma, você está vestida,
Pelos três grandes sagrados;
Na mais doce harmonia de louvor.
Deixe todos os seus poderes concordarem."

Veja, além disso, que essas pessoas *obtiveram suas joias dos egípcios.* O povo de Deus nunca perde nada indo para a casa da escravidão. Ele ganha suas joias escolhidas dos egípcios. "Estranhamente é verdade, pecados me fazem bem", disse um velho escritor uma vez, "porque eles me levam ao Salvador, e então eu me dou bem por eles". Pergunte a um cristão humilde onde ele conseguiu sua humildade e, de dez a um, ele dirá que a obteve na fornalha de profunda tristeza por causa do pecado. Veja outro que é sensível, de onde ele tirou essa joia? "Veio do Egito, quando estive preso". Nós ganhamos mais por estarmos em cativeiro, sob a convicção do pecado, do que raramente fazemos quando estamos em liberdade. Esse estado de escravidão, sob o qual vocês estão trabalhando agora, você, pobre peregrino filho da aflição, será bom para você, pois, quando sair do Egito, você levará as joias dos egípcios. Você ganhará pérolas de suas próprias convicções. "Oh!" alguns dizem, "tenho estado por meses e anos trabalhando sob o senso de pecado e não consigo obter a libertação". Bem, eu espero que você consiga em breve, mas, se não conseguir, terá ganhado ainda mais joias ao parar ali e, quando sair, muito provavelmente estará entre os melhores cristãos.

Qual pregador foi mais nobre para os pecadores do que John Bunyan? E quem sofreu mais do que ele? Durante anos ele duvidou e hesitou, às vezes pensando que Cristo o salvaria, outras vezes pensando que ele nunca foi um dos eleitos, mas ele ganhou joias enquanto estava em cativeiro que ele nunca teria obtido em qualquer outro lugar. Quem poderia ter escrito tal imensa coleção de joias como *O Peregrino*, se ele não tivesse vivido no Egito? Foi por ter ficado tanto tempo no Egito que juntou tantas joias. Oh, amados, contentemo-nos em suportar a angústia, pois as joias que então ganharemos nos adornarão por muito tempo durante toda a nossa vida e, uma noite, sairemos do Egito, não com choro, mas com cânticos e coroas de alegria. Teremos "*as vestes de louvor*". O saco de estopa será removido de nossos lombos e as cinzas de nossa cabeça, e marcharemos adornados com joias resplandecentes de ouro e prata.

Oh, amados, contentemo-nos em suportar a angústia, pois as joias que então ganharemos nos adornarão por muito tempo durante toda a nossa vida e, uma noite, sairemos do Egito, não com choro, mas com cânticos e coroas de alegria.

Mas há mais de um pensamento a respeito da maneira como *eles saíram*, ou seja, eles saíram *às pressas.* Creio que um filho de Deus, sempre que tem a oportunidade de sair do cativeiro, rapidamente a aproveita. Quando um homem vem a mim e diz: "Estou profundamente convencido do pecado", mas parece estar muito satisfeito de falar sobre amanhã, e amanhã, e amanhã, dizendo, "Eu posso me arrepender quando quiser e eu posso acreditar quando eu quiser", e vive sempre procrastinando, eu penso comigo que isso não é o livramento do Senhor. Quando seu povo sai do Egito, sempre tem pressa de sair.

Não conheci um pobre pecador debaixo de convicção de pecado que não estivesse com pressa em tirar o fardo de suas costas. "Hoje, se ouvirdes a sua voz, não endureçais os vossos corações" (Hb 4.7), diz o Espírito Santo. Ele nunca diz amanhã, pois hoje é o seu clamor, e todo bom israelita irá suspirar para sair do Egito sempre que tiver oportunidade. Ele não amassará sua massa para fazer seu pão a fim de levar consigo, mas ele carregará pães ázimos em seus ombros, pois estará com muita fome para ir embora. Aquele que odeia a perniciosa masmorra anseia por ouvir a tranca da fechadura ranger, para que ele possa encontrar a liberdade. Aquele que esteve muito tempo na cova se apressa para escapar, e aquele que sofreu com o chicote do carrasco foge como uma pomba pela fresta a fim de encontrar paz e libertação em Cristo Jesus.

A MAGNITUDE DA LIBERTAÇÃO

Entretanto, tenho notado três pontos de semelhança entre a migração dos israelitas e a libertação do povo de Deus. Gostaríamos de chamar sua atenção, em segundo lugar, para uma observação a respeito da *magnitude desta libertação.*

Nunca o impressionou a maravilha que foi o Êxodo para o povo de Israel? Você sabe como tantas pessoas saíram? De acordo com cálculos preliminares, provavelmente havia dois milhões e meio de pessoas, toda assembleia reunida em apenas um lugar, e todos saindo do país no mesmo tempo. Então, além disso, saiu com eles uma grande comitiva extra — uma multidão misturada. O número deve ter sido tão grande que seria impossível de imaginar isso. Suponha que todos os moradores de Londres deveriam marchar através do deserto, isso seria um maravilhoso acontecimento na história. Assim como nós dificilmente podemos conceber, mas aqui estavam, para dizer o mínimo, dois milhões de pessoas, todas ao mesmo tempo saindo do meio do país. "Eles peregrinaram", é dito, "desde Ramessés até Sucote." Ramessés foi onde eles estavam empregados na construção de uma cidade para o rei. Eles ficaram em Sucote, ou em tendas. Tal era a imensa multidão que não conseguiram encontrar casas. Eles construíram tendas e, portanto, os filhos de Israel sempre celebraram a "Festa dos Tabernáculo", para comemorar a construção das tendas em Sucote, quando eles saíram do Egito.

Que mente Moisés deve ter tido para dirigir um exército tão grande, ou melhor, que espírito deve ter repousado sobre ele para que pudesse conduzi-lo a um lugar e, então, guiá-lo através do deserto. Se você tiver em mente esse grande número, ficará surpreso ao pensar na quantidade de maná necessária para alimentá-lo e o fluxo de água que o deve ter sido seguido! Mencione os exércitos de Xerxes, ou as tropas dos Persas, fale dos poderosos exércitos que reis e potestades reuniram! Aqui estava um exército que sobreviveu a todos eles.

Mas, oh, amados! Quanta grandeza está presente no pensamento das multidões a quem Cristo redime com seu sangue. Cristo não morreu para salvar poucos: "ele verá o fruto do trabalho da sua alma, e ficará satisfeito; com o seu conhecimento o meu servo, o justo, justificará a muitos" (Is 53.11), "Uma multidão que nenhum homem pode contar" estará diante do trono de Deus e do Cordeiro. Oh! Emigração maravilhosa — a emigração de milhares de almas. Vamos compará-los com as estrelas, com o pó da terra, ou com a areia do mar, lembrando-nos de que Deus prometeu a Abraão: "Grandissimamente multiplicarei a tua descendência como as estrelas dos céus, e como a areia que está na praia do mar" (Gn 22.17). "Quem contará o pó de Jacó e o número da quarta parte de Israel" (Nm 23.10). Eles lambem a terra como água; e a terra é totalmente devorada diante deles. Oh! Poderoso Deus! Quão grande é aquela libertação que traz à tona uma hoste de seus eleitos, mais contados que as estrelas e tão inumeráveis quanto as areias em mil praias! Todos saúdam o seu poder, que faz tudo isso!

Oh! Poderoso Deus! Quão grande é aquela libertação que traz à tona uma hoste de seus eleitos, mais contados que as estrelas e tão inumeráveis quanto as areias em mil praias!

Você terá outra ideia da grandeza dessa obra quando pensar *nas diferentes posições que os filhos de Israel devem ter ocupado.* Eu suponho que eles não eram todos igualmente desprovidos. Não estavam todos trabalhando nas mesmas olarias, mas alguns deles estariam em um lugar, alguns em outro — alguns trabalhando na corte do rei, alguns para os egípcios mais mesquinhos — espalhados por toda parte, mas, onde quer que estivessem, todos vieram daqui. Se faraó tinha escravos em seus átrios, eles marcharam no mesmo dia para fora de seu palácio de portas douradas, de Mênfis ou em Tebas. Todos eles saíram naquele mesmo dia de suas diferentes posições e, guiados por Deus, todos eles chegaram a um local, onde construíram barracas e chamaram de Sucote.

Como quando o outono declina e o inverno se aproxima, vemos as andorinhas trepidantes se juntando no telhado, preparadas para voos distantes além do mar púrpura, onde poderiam encontrar outro verão em outra terra, assim fizeram esses israelitas de todos os seus territórios; assim, reuniram-se e ficaram juntos para fazer seu voo através de um deserto sem trilha para aquela terra da qual Deus havia lhes falado, dizendo: "Eis que te colocarei em uma terra que mana leite e mel" (Êx 3.17). "Grandes e maravilhosas são as tuas obras, Senhor Deus Todo-poderoso" (Ap 15.3). Grandes são as tuas obras, ó Senhor, "maravilhosas são as tuas obras, e a minha alma o sabe muito bem". (Sl 139.14).

Eu gostaria que você, amado, em particular, se lembrasse de uma coisa, isto é, de quão grande foi essa emigração, e a enormidade das multidões que deixaram o Egito. Foi em apenas uma única Páscoa que ele os libertou. Eles não fizeram duas celebrações da ceia, eles não precisaram de dois anjos para voar do Egito, não foi necessário ter duas libertações, mas tudo em uma noite, tudo pelo Cordeiro Pascal, tudo através da ceia da Páscoa, eles foram salvos. Olhe aquele anfitrião acima! Você vê a multidão de almas lavadas pelo sangue, escolhidas de Deus e preciosas? Você pode dizer o número delas? Você pode contar a quantidade de bem-aventurados diante do trono? Ah, não! Mas aqui está um pensamento para você. Eles não queriam dois Cristos para salvá-los, eles não exigiam dois Espíritos Santos para libertá-los, nem precisavam de dois sacrifícios para levá-los até lá.

"Pergunte a eles de onde sua vitória veio,
eles com um único fôlego
atribuem sua vitória ao Cordeiro,
eles triunfam em sua morte."

Um agonizante sacrifício, uma morte no Calvário, um suor de sangue no Getsêmani, um brado de "Está consumado", consumando toda a obra de redenção. Oh! O precioso sangue de Cristo! Eu amo quando penso que salva um pecador, mas pense na multidão de pecadores que esse sangue salva! Amados, nós não pensamos o suficiente em nosso Senhor Jesus Cristo, não temos metade da estima de sua preciosa pessoa como deveríamos. Nós não valorizamos seu sangue pelo valor certo. Por que, pobre pecador, você está falando esta manhã: "esse sangue não pode me salvar"? O quê?! Não o salvar, quando esse sangue está empenhando em salvar milhares e milhares, miríades de miríades?

O pastor que reúne todo o seu rebanho e o leva às pastagens perderá um único cordeiro? Você diz, talvez: "eu sou tão pequeno". Por isso mesmo, então, você não quer tanto do poder dele para cuidar de você? "Mas", alguém diz, "eu sou um grande pecador." Sim, então, é ainda melhor, porque "Cristo Jesus veio ao mundo para salvar os pecadores, dos quais eu sou o principal." (1Tm 1.15), disse Paulo, e ele veio para salvar você. Ah! Não tenham medo, vocês, filhos de Deus! Ele é quem tirou todos os israelitas para fora em uma noite e pode tirar todos vocês que estão na mais verdadeira escravidão.

Não tenham medo, vocês, filhos de Deus! Ele é quem tirou todos os israelitas para fora em uma noite e pode tirar todos vocês que estão na mais verdadeira escravidão.

Talvez exista um de vocês que não apenas tenha de fazer tijolos sem palha, mas que tenha de fazer duas vezes mais tijolos do que qualquer outra pessoa. Você pensa que seu opressor tem um chicote que corta a sua carne com grande dor, e a sua escravidão é pior que a dos demais. Sua escravidão é mais intensa, seu forno mais quente, seus vasos mais difíceis de fazer. Muito bem, eu estou feliz por isso, quão doce será a liberdade para você! E eu lhe direi, você não deve ser deixado no Egito, pois, se você fosse, o que o velho faraó diria? "Deus disse que levaria todos, mas ele não o fez, um ficou para trás", e ele seria um pobre israelita pelas ruas, ele o levaria por Mênfis e Tebas e diria: "há um que Deus não libertou, existe um que eu tenho tão preso em minhas garras que ele não poderia tirá-lo." Ah! Mestre demônio! Você não deveria dizer isso de um homem do povo de Deus; eles todos estarão lá, o grande e o pequeno. Essa indigna mão apertará a mão do bendito são Paulo, todos eles estarão lá no céu, todos eles serão redimidos, todos serão salvos, mas todos, observe, por meio de um sacrifício, uma aliança, um derramamento de sangue, uma Páscoa.

A INTEGRIDADE DA LIBERTAÇÃO

Isso nos leva a falar mais plenamente sobre *a integridade de sua libertação*. Nosso texto diz: "passados os quatrocentos e trinta anos, naquele mesmo dia, *todos os exércitos* do Senhor saíram da terra do Egito." Nossos queridos amigos arminianos pensam que alguns do povo de Deus não escaparão do Egito, mas se perderão no fim. Ah! Bem, como o bom Hart diz:

> Se um pobre santo pode se perder,
> segue-se então que todos podem.[1]

E nenhum de nós está salvo e seguro. Portanto, não cedamos a isso. Mas todo o exército saiu do Egito, cada um deles, nenhuma alma foi deixada para trás. Há um pobre coxo. Ah! Você o vê jogando fora suas muletas. Há uma pobre mulher doente, sim, mas, de repente, ela se levanta da cama. Há outro paralítico, que não pode de forma alguma erguer-se, sim, mas sua estrutura em um momento torna-se firme, "pois não havia uma pessoa enferma em todas as suas tribos." (Sl 105.37). Há um pobre bebê que não sabe sobre nada, mas continua deixando o Egito, carregado por sua mãe. O velho senhor de cabelos grisalhos não cambaleou em seu cajado. Embora tivesse oitenta anos de idade, ainda era um filho de Israel e, logo, foi liberto. Havia um jovem que começava a ter seus ombros machucados, no entanto, embora fosse jovem, a hora havia chegado para ele e ele saiu do Egito também. Todos eles saíram, cada um deles, não ficou nenhum para trás. Suponho que não houvesse

---

[1] Joseph Hart (1711- 1768) foi um ministro calvinista em Londres. Suas obras incluem *Hart's Hymns*, um livro de hinos muito amado entre os cristãos evangélicos, que inclui o conhecido hino, *Vinde pecadores, pobres e necessitados*.

nenhum hospital lá, mas, se tivesse, tenho certeza de que não deixaram nenhum deles no hospital, mas todos foram curados em um instante. Um israelita se rebelou contra o governo de Moisés e disse: "quem te constituiu nosso chefe e juiz?" (Êx 2.14). Mas eles não o deixaram para trás antes de ele sair. Todos eles saíram, não há notícia de que havia alguma pobre criatura enrugada cujos braços e pernas eram inúteis, e que era um pouco débil, cujo cérebro estava quase morto, e que foi deixada para trás.

Então, amado, se você é "o cordeiro mais mesquinho do aprisco de Jesus", você é "um em Jesus agora". Embora tenha muito pouco aprendizado e muito pouco bom senso, você sairá do Egito. Se o Senhor o colocou nesse cativeiro, e você gemeu lá, ele o fará cantar aos poucos quando você for redimido disso. Não há medo de ser deixado para trás, pois, se você fosse deixado, faraó, diria: "ele libertou os fortes, mas não foi capaz de resgatar os fracos", e então haveria risos no inferno contra o poder e a onipotência de Deus. Todos saíram.

Se o Senhor o colocou nesse cativeiro, e você gemeu lá, ele o fará cantar aos poucos quando você for redimido disso.

Mas não é apenas isso, *todos eles tinham seu gado com eles.* Como disse Moisés: "E também o nosso gado há de ir conosco, nem uma unha ficará". (Êx 10.26). Eles deveriam ter todos os seus bens, assim como suas pessoas. O que isso nos ensina? Ora, não que apenas todo o povo de Deus seja salvo, *mas que o povo de Deus sempre será restaurado.* Tudo o que Jacó levou para o Egito será trazido novamente. Eu perdi uma justiça perfeita em Adão? Terei uma justiça perfeita em Cristo. Perdi a felicidade na terra em Adão? Deus me dará muito mais que felicidade aqui embaixo, em Cristo. Perdi o céu em Adão? Eu terei o céu em Cristo, pois Cristo não veio apenas para buscar e salvar o povo que estava perdido, mas também toda a herança, assim como o povo, e todas as suas propriedades. Não apenas as ovelhas, mas o bom pasto que as ovelhas perderam, não apenas o filho pródigo, mas todos os bens do filho pródigo.

Todas as coisas foram levadas do Egito, nem mesmo os ossos de José foram deixados para trás. Os egípcios não podiam dizer que possuíam um pedaço da propriedade dos israelitas — nem mesmo uma de suas amassadeiras, ou uma de suas vestes velhas. E quando Cristo tiver subjugado todas as coisas para si mesmo, o cristão não terá perdido um átomo pela labuta do Egito, mas será capaz de dizer: "Oh morte, onde está seu aguilhão? Oh sepultura, onde está a sua vitória? Oh inferno, onde está o seu triunfo?" (1Co 15.55). Vocês, demônios, não têm uma bandeira nem um pendão para mostrar a sua vitória, não há um casco ou um capacete deixado no campo de batalha, não há um único troféu que você possa erguer no inferno em desprezo a Cristo. Ele não apenas libertou seu povo, mas eles saíram com louvor, levando seus escudos com eles. Fique de pé, admire e ame o Senhor, que assim livra todo o seu povo.

O MOMENTO DA SAÍDA

Isso nos leva a notar, em quarto lugar, *o momento em que os israelitas saíram do Egito.* "E aconteceu que, passados os quatrocentos e trinta anos, naquele mesmo dia, todos os exércitos do Senhor saíram da terra do Egito." Deus tinha prometido a Abraão que seu povo seria escravizado por quatrocentos e trinta anos, e que não teria nem um dia a mais na escravidão (At 7.6). Assim que o título de Deus venceu, embora tivesse sido sacado quatrocentos e trinta anos antes, ele pagou a conta, não precisou de mais tempo para fazê-lo, mas o fez imediatamente.

Christopher Ness[2] disse: "eles tiveram de esperar até a noite chegar para o cumprimento da promessa, pois, embora ele cumprisse no mesmo dia, ele os fez ficar até o fim, para provar sua fé." Ele estava errado nesse ponto, porque os dias da Escritura começam à noite. "A *noite* e a manhã foram o segundo dia." Deus não os fez esperar, mas os livrou imediatamente. Assim que o dia chegou, começando com a nossa noite, como o dia judaico é contado, e o dia das Escrituras sempre ocorreu — assim que o relógio bateu — Deus cumpriu sua promessa.

Ouvimos falar de muitos proprietários que vêm pagar o aluguel precisamente ao meio-dia. Bem, nós admiramos a honestidade de um homem se ele paga exatamente naquele minuto, mas Deus nunca está atrasado em cumprir suas promessas, nem pelo tique-taque do relógio. Embora pareça que

---

[2] Christopher Ness (1621-1705) foi um ministro inglês e teólogo. Após o Ato de Uniformidade de 1662, Ness foi expulso de seu cargo de professor e tornou-se professor e pregador particular em Clayton, Morley e Hunslet. Morreu em 26 de dezembro de 1705, com exatamente 84 anos, e foi enterrado no cemitério de Bunhill Fields. Escreveu o livro *Um antídoto contra o arminianismo*, em 1700, uma obra curta com uma vida longa que se tornou popular entre os calvinistas.

sua promessa demore, espere por ela, você pode estar enganado quanto à data; se ele prometeu algo em um determinado dia, ele não o deixará esperando até amanhã. No mesmo dia em que o Senhor havia prometido, os israelitas saíram. E, assim, todo o povo do Senhor saiu do cativeiro no momento predestinado, pois não poderia sair do cativeiro antes do tempo determinado.

Ó, pobre e angustiado herdeiro do céu, gemendo sob o pecado e buscando descanso, mas não encontrando nenhum, creia que é a vontade do Senhor que você fique um pouco mais onde há uma fornalha fumegante. Espere um pouco, ela está lhe fazendo o bem. Assim como Jesus, Deus está falando severamente a você, para testar sua fé. Ele está lhe dizendo agora que você é um cão, porque ele quer ouvir você dizer: "Verdade, Senhor, mas os cães comem das migalhas" (Mc 7.28). Ele não quer deixá-lo esperando, se a ansiedade não adquiriu, assim, um novo vigor, ele não o faria chorar, se não pretendesse tornar isso um sinal de melhor graça para você no futuro. Portanto, espere, pois você sairá do Egito e terá um jubiloso resgate naquele dia em que eles virão cantando a Sião, com canções e alegria eterna sobre sua cabeça.

Ó, pobre e angustiado herdeiro do céu, gemendo sob o pecado e buscando descanso, mas não encontrando nenhum, creia que é a vontade do Senhor que você fique um pouco mais onde há uma fornalha fumegante. Espere um pouco, ela está lhe fazendo o bem. Assim como Jesus, Deus está falando severamente a você, para testar sua fé.

Mas agora, amados, devemos terminar de forma muito solene, lembrando-vos dos *companheiros que saíram do Egito com os filhos de Israel.* Quando os filhos de Israel saíram do Egito, certas pessoas no Egito, insatisfeitas com o rei — culpados, muito provavelmente, condenados, devedores, falidos e pessoas semelhantes, cansados de seu país, e que, como é espirituosamente dito sobre aqueles que são transportados, "deixaram seu país para o bem de seu país". Mas, embora essas pessoas tenham ido com os filhos de Israel, observe, elas não eram deles. Elas escaparam, mas a porta não estava aberta para saírem, foi apenas aberta para a saída dos filhos de Israel. Esses fugitivos sempre foram um problema para os filhos de Israel. É dito que a multidão misturada caiu em cobiça, foi a multidão mista que os ensinou a fazer o bezerro de ouro, foi a multidão mista de estrangeiros que sempre os desencaminhou. E essa multidão mista tem agora seus representantes.

Há muitos homens que saíram das terras do Egito que nunca foram israelitas, e existem muitos que se unem conosco nos relacionamentos da igreja, comem do pão espiritual, bebem da rocha espiritual que os seguiu e Deus não se agrada de muitos deles, assim como houve muitos dos antigos com quem ele não está satisfeito e que foram derrubados no deserto. "Ah!" alguém diz, "mas eu pensava que, se eles estavam no Egito, certamente, se eles escaparam, deveriam ser cristãos, pois você usou essas metáforas". Sim, sim, mas note que essas pessoas eram do Egito. Essa multidão mista nunca esteve em *cativeiro* no Egito. Foi Israel quem teve de sentir o chicote do feitor e fazer os tijolos sem palha. Mas esses companheiros não tinham nada para fazer. Eles eram egípcios — verdadeiros egípcios — "herdeiros do pecado e filhos da ira", eles *nunca tiveram uma real escravidão* e, portanto, não puderam se alegrar como o verdadeiro israelita quando foram libertos do jugo de faraó.

Essas pessoas são representadas entre nós por certos indivíduos, que nos dirão: "Ah! Eu sei que sou um pecador." Isso é o mesmo que dizer que você foi um egípcio, e isso é tudo, mas não posso dizer, "eu senti meu pecado, aborreci-o totalmente e chorei por ele". Eles vêm e dizem: "Eu sou um pecador", escutam algo sobre Jesus Cristo, ponderam sobre isso com uma fé fantasiosa — não com a fé que se une ao Cordeiro e nos traz verdadeira salvação, mas com uma fé imaginária e retida, e pensam que vão conseguir a libertação. Algumas dessas pessoas estão maravilhosamente felizes, não têm dúvidas e medos, estão à vontade, como Moabe, mas foram esvaziadas de botija em botija. Elas podem nos falar sobre o Egito, é claro, pois conhecem muito mais sobre ele que os filhos de Deus.

Se um filho de Deus descrevesse o forno de tijolos, e como eles faziam tijolos sem palha, o egípcio viu, embora não tenha sentido, e pode falar sobre isso, talvez melhor do que o pobre israelita, pois o pobre já foi, às vezes, golpeado na boca, pode ser, de modo que ele gagueja e não pode falar tão bem quanto o outro, que nunca levou uma pancada. Ele até conhece escravidão, talvez a tenha inventado para testar o pobre israelita, pode descrever com muita precisão a saída do Egito e a jornada pelo deserto. No entanto, aqui está a diferença, observe você, entre os israelitas e os egípcios. Os egípcios não aspergiram o sangue nas ombreiras das portas, e não lemos sobre a multidão misturada que comeu o cordeiro pascal, pois está escrito: "Nenhum estranho comerá dele" (Lv 22.13). Algumas pessoas estão continuamente dizendo: "Creio que eu vou para o céu", mas nunca aspergiram o sangue, nunca comeram do cordeiro Pascal, nunca tiveram comunhão com Cristo e nunca tiveram uma união vital com ele.

Ó, vocês, membros de igrejas cristãs! Muitos de vocês têm uma *experiência fingida.* Quantos existem de vocês que têm somente o exterior com aparência de piedade! Vocês são sepulcros caiados de branco, exteriormente formosos e belos, como os jardins enfeitados de um cemitério, mas interiormente são ossos de mortos e podridão! Esteja persuadido, eu imploro, a não obter libertação de nenhuma maneira, exceto pelo sangue do Cordeiro, e realmente banqueteando-se em Cristo. Muitos homens obtêm uma libertação sufocando sua consciência. "Ah!" diz um da multidão mista, "aqui estou eu na prisão, e esta é a noite em que os filhos de Israel saem do Egito", "Oh! Se eu puder sair!" O que ele faz? Ora, o guarda está assustado, perdeu o primogênito, e o prisioneiro diz: "Deixe-me sair!" e ele suborna o guarda para que o solte. E há muitos que escapam do Egito subornando sua consciência. "Pronto, mestra consciência", diz ele, "não vou mais ficar bêbado, vou sempre à igreja, lá é minha loja que sempre abre aos domingos — vou fechar duas venezianas, já está quase tão bom quanto fechá-las inteiramente, e eu não farei negócio sozinho — vou conseguir um servo para fazer isso por mim". Ele sai! Mas era melhor ele ter ficado no Egito do que sair assim.

Vocês são sepulcros caiados de branco, exteriormente formosos e belos, como os jardins enfeitados de um cemitério, mas interiormente são ossos de mortos e podridão! Esteja persuadido, eu imploro, a não obter libertação de nenhuma maneira, exceto pelo sangue do Cordeiro, e realmente banqueteando-se em Cristo.

Há alguns homens que novamente saem pela força, o guarda cai morto, e assim eles saem da prisão. Há homens que não apenas subornam, mas matam sua consciência, vão tão longe que sua consciência está quase morta e, quando ele tem um ataque, um dia eles correm, escapam, e assim eles têm "paz, paz onde não há paz". Envolvem-se nas obras de seus próprios delírios e inventam para si refúgios de mentiras, onde depositam sua confiança. Ó você, grande multidão de estrangeiros! Você é a ruína das igrejas, você desperta nossa luxúria, o sangue puro do israelita é manchado pela união contigo. Você se senta com o povo de Deus, ouve e, ainda assim, está no "fel de amargura e nos laços da iniquidade" (At 8.23). Você toma o sacramento tão docemente quanto os outros, enquanto está comendo e bebendo maldição para si mesmo (1Co 11). Você vem para a reunião da igreja e se senta na assembleia particular dos santos, mas, mesmo quando está lá, você não passa de um lobo em pele de cordeiro, entrando no rebanho quando não deveria estar lá.

Meus queridos ouvintes, experimentem-se para ver se são verdadeiros israelitas. Oh! Poderia Cristo dizer a você: "Eis um verdadeiro israelita, em quem não há dolo." (Jo 1.47)? Você tem o sangue nas ombreiras das portas? Você já comeu do corpo de Jesus? Você vive com ele? Você tem comunhão com ele? Deus, o Espírito Santo, o tirou do Egito? Ou você mesmo saiu? Você encontrou refúgio na querida cruz de Cristo e em seu lado ferido?

Se você fez isso, alegre-se, pois nem o próprio Faraó pode levá-lo de volta, mas, se você não o fez, eu oro ao meu Mestre para transformar sua paz em migalhas, por mais belo e amável que seja. Eu imploro a ele que envie os ventos da convicção e as inundações de sua ira, para que sua casa caia agora, em vez de resistir à sua morte e, então, naquela última hora solene, o edifício de suas próprias mãos venha a balançar. Multidão de estrangeiros! Ouça isso! "Examinem-se, se vocês estão na fé, provem-se". Não sabem vocês mesmos, como Jesus Cristo está em vocês, exceto se vocês forem réprobos? Mas, se ele não está em vocês, vocês ainda são réprobos, a quem o Senhor abomina. O Senhor tira todo o seu povo do Egito e livra todos os seus filhos da casa da escravidão.

2

Cristo, nossa Páscoa

Porquanto Cristo, nosso Cordeiro Pascal, foi sacrificado.

1Coríntios 5.7

Quanto mais você lê e mais medita sobre a Bíblia, maior é sua surpresa com ela. Aquele que é apenas um leitor casual da Bíblia não conhece a altura, a profundidade, o comprimento e a amplitude dos poderosos propósitos contidos em suas páginas. Há momentos em que descubro uma nova linha de raciocínio e salto atônito: "Que maravilha, eu nunca vi isso antes nas Escrituras". Você descobrirá que as Escrituras aumentam à medida que você começa a lê-las. Quanto mais as estuda, menos parecerá conhecê-las, pois elas se ampliam à medida que nos aproximamos delas. Especialmente, você descobrirá que esse é o caso com as partes tipológicas da Palavra de Deus.

A maior parte dos livros históricos foi destinada a serem tipológicos, quer de dispensações, experiências ou ofícios de Jesus Cristo. Estude a Bíblia a partir dessa leitura e você não culpará George Herbert[1] quando ele a chama de "não apenas o livro de Deus, mas o deus dos livros". Um dos pontos mais interessantes das Escrituras é sua tendência constante de mostrar Cristo e talvez uma das mais belas figuras como Jesus Cristo é

---

[1] George Herbert foi um poeta, orador e pastor anglo-galês. Membro de uma família aristocrática, estudou na Westminster School e no Trinity College, em Cambridge. Em 1618 foi considerado *fellow* da Universidade de Cambridge, instituição onde foi orador entre 1620 e 1628.

apresentado nas Escrituras é a do Cordeiro Pascal. É de Cristo que vamos falar esta noite.

Israel estava no Egito em extrema escravidão. A severidade de sua escravidão havia aumentado continuamente até se tornar tão opressiva que seus gemidos incessantes subiram ao céu. O Deus que vinga seus eleitos, embora clamem dia e noite, por fim determinou um terrível golpe contra o rei do Egito e a nação egípcia, para que libertassem seu povo. Podemos imaginar as ansiedades e as expectativas de Israel, mas dificilmente podemos ter empatia com ele, a menos que nós, como cristãos, tenhamos recebido a mesma libertação do Egito espiritual. Vamos, irmãos, voltemos em nossa experiência, quando habitávamos na terra do Egito, trabalhando nas pedras do pecado, labutando para nos tornarmos melhores, e descobrindo que não havia qualquer proveito real nessas coisas. Vamos lembrar daquela noite memorável, do início dos meses, do início de uma nova vida em nosso espírito e do início de uma era totalmente nova em nossa alma. A Palavra de Deus desferiu o golpe em nosso pecado, o Senhor nos deu Jesus Cristo como nosso sacrifício, e naquela noite nós saímos do Egito.

Embora tenhamos passado pelo deserto desde então e lutado contra os amalequitas, tenhamos pisado nas serpentes flamejantes, tenhamos sido queimados pelo calor e congelados pela neve, contudo, nunca mais voltamos ao Egito; apesar de nosso coração ter capacidade de ter desejado o alho-poró, as cebolas e as panelas de carne do Egito, nunca fomos levados à escravidão desde então. Venha, vamos celebrar a Páscoa esta noite, e pense na noite em que o Senhor nos libertou. Vejamos nosso Salvador Jesus como o Cordeiro Pascal do qual nos alimentamos. Sim, não apenas olhemos para ele como tal, mas nos sentemos esta noite à sua mesa, comamos de sua carne e bebamos de seu sangue, pois sua carne é a verdadeira comida, e seu sangue é a verdadeira bebida. Em santa solenidade, deixem que os corações se aproximem daquela ceia antiga, voltemos às trevas no Egito e, pela santa contemplação, vejamos que, em vez do anjo destruidor, vem o anjo do pacto, no início da festa — "O Cordeiro de Deus que tira os pecados do mundo".

Em santa solenidade, deixem que os corações se aproximem daquela ceia antiga, voltemos às trevas no Egito e, pela santa contemplação, vejamos que, em vez do anjo destruidor, vem o anjo do pacto [...].

Não terei tempo esta noite para entrar em toda a história e no mistério da Páscoa. Vocês entenderão que não estou pregando esta noite a respeito de todos os aspectos da Páscoa, mas apenas de alguns pontos proeminentes. Seria necessária uma dúzia de sermões para fazê-lo, na verdade um livro tão grande quanto o de Caryl sobre Jó, se pudéssemos encontrar um livro divino igualmente prolixo e sensato.[2] Mas devemos primeiramente olhar para o Senhor Jesus Cristo, mostrar como *ele corresponde*

---

[2] Joseph Caryl nasceu em Londres, em 1602, e tornou-se pregador no Lincoln's Inn. Foi membro da Assembleia de Westminster em 1643. Em 1662, após a restauração, ele foi expulso de sua igreja de São Magnus, o Mártir, perto da Ponte de Londres. Continuou, no entanto, a ministrar a uma congregação independente, em Londres, até sua morte, em março de 1673, quando John Owen o sucedeu. Escreveu doze volumes sobre o livro de Jó.

ao Cordeiro Pascal, e nos esforçar para levá-lo aos dois pontos de *ter seu sangue aspergido sobre você*, e *alimentar*-se *dele*.

JESUS É TIPIFICADO COMO O CORDEIRO PASCAL

Primeiro, então, *Jesus Cristo é tipificado aqui como o Cordeiro Pascal* e, se houver aqui algum descendente de Abraão que nunca tenha visto Cristo como o Messias, rogo sua especial atenção àquilo que devo promover quando falo do Senhor Jesus como nada menos que o Cordeiro de Deus morto para a libertação de seu povo escolhido. Sigam-me com suas Bíblias e abram primeiro no décimo segundo capítulo de Êxodo.

Começamos, em primeiro lugar, com a vítima — *o cordeiro*. Que bela imagem de Cristo. Nenhuma outra criatura poderia tão bem ter tipificado aquele que era santo, inofensivo, imaculado e separado dos pecadores. Sendo também o emblema do sacrifício, ele retratava de maneira muito doce nosso Senhor e Salvador, Jesus Cristo. Busque por meio da história natural e, embora você encontre outros emblemas que apresentam diferentes características de seu nome e admiravelmente o exibem em nossa alma, ainda não há nenhum que pareça tão apropriado para a pessoa de nosso amado Senhor como a figura do cordeiro. Uma criança perceberia imediatamente a semelhança entre um cordeiro e Jesus Cristo, tão dócil e inocente, tão brando e inofensivo, sem ferir os outros, nem parecendo ter o poder de se ressentir de um ferimento.

> "Um homem humilde diante de seus inimigos.
> Um homem cansado e cheio de aflições."

Que tortura a raça ovina recebeu de nós! Como eles são, embora inocentes, continuamente massacrados para nosso alimento! Sua pele é arrancada de suas costas, sua lã tosada para nos dar roupa. Assim o Senhor Jesus Cristo, nosso glorioso Mestre, nos dá suas vestes para que sejamos vestidos com elas, e ele está separado para nós; seu próprio sangue é derramado por nossos pecados; inofensivo e santo, um sacrifício glorioso pelos pecados de todos os seus filhos. Assim, o Cordeiro Pascal pode muito bem representar a tipificação do hebreu piedoso, a pessoa do sofredor, silencioso, paciente e inofensivo Messias.

Olhe mais a fundo. ele foi um cordeiro *sem mácula.* Um cordeiro defeituoso, se tivesse a menor partícula de doença, o menor ferimento, não seria permitido para a Páscoa. O sacerdote não teria permitido que fosse sacrificado, nem Deus teria aceitado o sacrifício de suas mãos. É preciso ser um cordeiro sem defeito. E não era Jesus Cristo assim desde o seu nascimento? Imaculado, nascido da virgem Maria, gerado do Espírito Santo, sem mancha de pecado, sua alma era pura e imaculada como a neve, branca, clara e perfeita, e sua vida era da mesma maneira. Nele não havia pecado. Ele tomou nossas enfermidades e suportou nossas dores na cruz (Is 53).

Ele foi tentado em todos os pontos, como nós somos, mas houve aquela doce exceção, "mas sem pecado". Um cordeiro sem mancha. Você, que conheceu o Senhor, que provou de sua graça, que manteve comunhão com ele, não reconhece em seu coração que ele é um cordeiro sem mancha? Você pode encontrar alguma falha em seu Salvador? Você tem alguma coisa de que o acusar? Sua veracidade se foi? Suas palavras foram quebradas? Suas promessas falharam? Ele se esqueceu de seus compromissos? E, em qualquer aspecto, você pode encontrar nele alguma mancha? Ah, não! Ele é o cordeiro sem defeito, o puro, o imaculado, "o Cordeiro de Deus que tira o pecado do mundo", e nele não há pecado.

Você, que conheceu o Senhor, que provou de sua graça, que manteve comunhão com ele, não reconhece em seu coração que ele é um cordeiro sem mancha? Você pode encontrar alguma falha em seu Salvador?

Siga adiante, e veja: "O cordeiro deverá ser sem defeito, macho de um ano". Consideremos o motivo pelo qual o macho era escolhido, um macho de um ano. Ele estava no seu auge, de forma que sua força era inesgotável, seu poder, amadurecido e aperfeiçoado. Deus não teria um fruto prematuro. Deus não quis que aquilo que não tivesse amadurecido fosse oferecido. Assim nosso Senhor, Jesus Cristo, tinha acabado de chegar à maturidade da natureza humana quando foi oferecido. Aos trinta e três anos de idade, ele foi sacrificado por nossos pecados. Ele era, então, saudável e forte, embora seu corpo pudesse ter sido definhado pelo sofrimento e seu rosto mais desfigurado do que qualquer outro homem. Ainda assim ele era a perfeição da humanidade. Penso que o vejo então. Sua bela barba descendo sobre seu peito, eu o vejo com seus olhos cheios de gênio, sua forma ereta, seu semblante majestoso, sua energia completa, seu corpo inteiro em pleno desenvolvimento — um homem real, um homem magnífico, mais do que os filhos dos homens, um cordeiro não apenas sem mancha, mas com suas faculdades plenamente desenvolvidas. Tal era Jesus Cristo — um cordeiro de um ano — não um menino, não um rapaz, não um jovem, mas um homem completo, para que ele pudesse nos dar sua alma. Ele não se entregou para morrer por nós quando estaria na velhice, pois, então, se daria quando ele estava envelhecendo, mas em sua maturidade. Em seu auge, Jesus Cristo, nossa Páscoa, foi sacrificada por nós.

E, além disso, no momento de sua morte, Cristo estava cheio de vida, pois somos informados por um dos evangelistas que: "ele clamou em alta voz e entregou seu espírito". Esse é o sinal de que Jesus não morreu por fraqueza, nem por degeneração da natureza. Sua alma estava forte dentro dele; ele ainda era o Cordeiro de primeiro ano. Ele ainda era poderoso. Ele poderia, se quisesse, mesmo na cruz, ter destravado suas mãos de seus pregos de ferro e, descendo do madeiro da infâmia, ter conduzido seus inimigos atônitos diante de si, como cervos espalhados por um leão. Mas, ainda assim, ele rendeu humildemente obediência até a morte.

Minha alma, você não consegue ver nosso Jesus aqui, o imaculado Cordeiro de um ano, forte e poderoso? E, oh, meu coração! Não surge o pensamento — se Jesus se consagrou a mim quando ele estava em toda a sua força e vigor, eu, na juventude, não deveria me dedicar a ele? E se estiver em idade adulta, como serei duplamente obrigado a dar minha força a ele? E se eu estiver na velhice, ainda assim devo, enquanto o pouco permanece, consagrar aquele pouco a ele. Se ele deu tudo por mim, o que era muito, eu não deveria dar meu pouco a ele? Não deveria me sentir obrigado a consagrar-me inteiramente a seu serviço, colocar corpo, alma, espírito, tempo, talentos, tudo sobre seu altar? E, embora eu não seja um cordeiro sem mácula, ainda estou feliz porque o bolo fermentado foi aceito com o sacrifício, embora nunca tenha sido queimado com ele — eu, embora um pão fermentado, posso ser oferecido no altar com meu Senhor e Salvador, o holocausto do Senhor, e, assim, embora impuro e cheio de fermento, posso ser aceito no amado, uma oferta de cheiro suave, agradável ao Senhor meu Deus. Aqui está Jesus, amado, um Cordeiro sem mancha, um Cordeiro de um ano!

O assunto agora se expande e o interesse se aprofunda. Deixe-me ter sua mais séria consideração ao próximo ponto, que muito me gratificou em sua descoberta e que irá instruí-lo na narrativa. Em Êxodo 12.3, somos informados que o cordeiro que deveria ser oferecido na Páscoa deveria ser selecionado *quatro dias antes de seu sacrifício, e ser mantido à parte* — "No décimo dia deste mês, cada homem tome para si um cordeiro, segundo a casa de seus pais, um cordeiro por casa; e se a família for pequena para o cordeiro, tome-o ele e o seu vizinho que está próximo a sua casa, segundo o número de pessoas; cada homem, de acordo com o que comer, fará a contagem do cordeiro."

O sexto versículo diz: "E guardareis até o dia quatorze deste mês." Por quatro dias esse cordeiro, escolhido para ser oferecido, era separado do resto do rebanho e mantido sozinho por duas razões: em parte, para que seu balido os lembrasse constantemente da solene festa que deveria ser celebrada e, além disso, que durante os quatro dias eles pudessem ter certeza de que não havia defeito, pois, durante esse tempo, o animal estava sujeito a constante inspeção, a fim de que pudessem ter certeza de que não havia ferimentos ou doenças que o tornasse inaceitável para o Senhor. E agora, irmãos, um fato notável surge diante de vocês — assim como esse cordeiro foi separado por quatro dias, as alegorias antigas costumavam dizer que Cristo foi separado por quatro anos. Quatro anos depois de deixar a casa de seu pai, ele foi para o deserto e foi tentado pelo diabo. Quatro anos depois de seu batismo, ele foi sacrificado por nós.

Mas há outro, melhor que isso — cerca de quatro dias antes de sua crucificação, Jesus Cristo cavalgou em triunfo pelas ruas de Jerusalém. Ele foi, assim, abertamente separado como sendo distinto da humanidade. Ele, montado no jumento, cavalgou até o templo, para que todos o vissem como o Cordeiro de Judá, escolhido de Deus, e ordenado para sacrifício desde a fundação do mundo. E o que é mais notável ainda: durante esses quatro dias, você verá, se for aos evangelistas, no seu tempo, que tanto está registrado o que ele fez e disse quanto em todas as outras partes de sua vida.

Durante aqueles quatro dias, ele repreendeu a figueira, e imediatamente ela secou. Foi então que expulsou os compradores e vendedores do templo, e repreendeu os sacerdotes e anciãos, dizendo-lhes a semelhança dos dois filhos, um dos quais disse que iria, e não foi, e o outro que disse que não iria, e foi. Em seguida, narrou a parábola dos lavradores, que mataram os que eram enviados. Depois deu a parábola do casamento do filho do rei. Então veio sua parábola sobre o homem que foi à festa, em vestes nupciais, e, depois, a parábola sobre as dez virgens, das quais cinco era prudentes e cinco eram loucas. Em seguida, vem o capítulo de denúncias muito contundentes contra os fariseus — "Ai de vós, ó fariseus cegos! Purificai primeiro o que está dentro do copo e do prato", e depois também aquele longo capítulo de profecias sobre o que deve acontecer no cerco de Jerusalém, assim como o relato sobre o fim do mundo: "Aprenda uma parábola da figueira: quando seu galho está ainda tenro e brotando folhas, você sabe que o verão está próximo" (Mc 13.28).

Mas não vou preocupá-los dizendo aqui que, ao mesmo tempo, ele lhes deu a esplêndida descrição do Dia do Juízo, quando as ovelhas serão separadas dos cabritos. Na verdade, as declarações mais esplêndidas de Jesus foram registradas como tendo ocorrido dentro desses quatro dias. Assim como o cordeiro se separou de seus companheiros, baliu mais do que nunca durante os quatro dias, assim também Jesus durante aqueles quatro dias falou imensamente. Se você quiser encontrar uma seleção de falas de Jesus, consulte o relato dos últimos quatro dias antes do seu ministério terminar, no Evangelho de João também. Lá você encontrará aquele capítulo, "Não se turbe o vosso coração". E, também, sua grande oração: "Pai, eu farei sua vontade" e assim continua. As maiores coisas que ele fez, realizou nos últimos quatro dias, quando foi separado como o Cordeiro Pascal.

E há mais uma coisa para a qual peço sua atenção particular: durante aqueles quatro dias em que o cordeiro foi sujeito ao escrutínio mais próximo, assim, também, durante aqueles quatro dias, é singular relatar que Jesus Cristo foi examinado por todos os tipos de pessoas. Foi durante aqueles quatro dias que o mestre da lei lhe perguntou qual era o maior mandamento, e Jesus disse: "Amarás o Senhor teu Deus de todo o teu coração e de todas as tuas forças e amarás o teu próximo como a você mesmo". Foi então que os herodianos vieram e o questionaram sobre o imposto, e também a ocasião em que os fariseus o tentaram. Os saduceus também o questionaram sobre a ressurreição. Ele foi julgado por todas as classes e graus — herodianos, fariseus, saduceus, mestres da lei e pessoas comuns. Foi durante quatro dias que ele foi examinado, mas como ele reagiu? Ah, Cordeiro imaculado! Os oficiais disseram: "Ninguém falou como este homem." Seus adversários não encontraram ninguém que pudesse dar falso testemunho contra ele, como concordaram juntos, e Pilatos declarou: "Não acho nele qualquer falta."

Ele não teria sido adequado para ser Cordeiro Pascal se um único defeito tivesse sido descoberto, para que o Cordeiro pudesse ser comido na Páscoa de Deus, o símbolo e o meio da libertação do povo de Deus. Ó amado! Você só tem de estudar as Escrituras para descobrir coisas maravilhosas nelas; você só tem de pesquisar profundamente e ficará surpreso com suas riquezas. Você descobrirá que a Palavra de Deus é uma palavra muito preciosa; quanto mais você viver por ela e a estudar, mais será querida em sua mente.

Ó amado! Você só tem de estudar as Escrituras para descobrir coisas maravilhosas nelas; você só tem de pesquisar profundamente e ficará surpreso com suas riquezas. Você descobrirá que a Palavra de Deus é uma palavra muito preciosa; quanto mais você viver por ela e a estudar, mais será querida em sua mente.

Todavia, a próxima coisa que devemos destacar é *o lugar onde este cordeiro deveria ser morto*, que peculiarmente estabelece que deve ser Jesus Cristo o Cordeiro Pascal real. A primeira Páscoa foi celebrada no Egito, a segunda Páscoa foi celebrada no deserto, no entanto, não lemos que houve mais do que essas Páscoas celebradas até que os israelitas chegaram a Canaã. E então, se você abrir sua Bíblia em Deuteronômio 16, descobrirá que Deus não permite mais que eles matem o Cordeiro nas próprias casas, porque então designou um local para sua celebração. No deserto, eles trouxeram suas ofertas ao Tabernáculo, onde o cordeiro era sacrificado, porém, na primeira celebração no Egito, é evidente que eles não tinham um lugar especial para sacrificar o cordeiro.

Posteriormente, lemos em Deuteronômio 16.5: "Vocês não podem sacrificar a Páscoa em quaisquer das cidades que o Senhor teu Deus te dá; mas no lugar que o Senhor teu Deus escolher para colocar o seu nome, ali você sacrificará a Páscoa à tarde, ao pôr do sol, na estação em que saiu do Egito." O altar foi incensado, e só lá poderia ser morto o Cordeiro Pascal. Desse modo, nosso bendito Senhor foi a Jerusalém. A multidão enfurecida arrastou-o pela cidade. Em Jerusalém, nosso Cordeiro foi sacrificado por nós, estava no local preciso onde Deus ordenou que fosse. Oh! Se aquela multidão que se reuniu ao redor dele em Nazaré tivesse sido capaz de empurrá-lo colina abaixo, então Cristo não poderia ter morrido em Jerusalém, mas era verdade que o Rei de todos os profetas não poderia fazer de outra forma — as profecias a respeito dele não teriam se cumprido. "Você deve matar o cordeiro no lugar que o Senhor seu Deus designar". Ele foi sacrificado no mesmo lugar. Portanto, novamente você tem uma prova incidental de que Jesus Cristo foi o Cordeiro Pascal para o seu povo.

O próximo ponto é *a forma de sua morte.* Eu penso que a forma tão peculiar pela qual o cordeiro deveria ser oferecido apresenta a crucificação de Cristo de tal maneira que nenhum outro tipo de morte poderia, por qualquer meio, ter respondido a todas as particularidades estabelecidas aqui.

Primeiro, o cordeiro deveria ser abatido e seu sangue recolhido em uma bacia. Normalmente, o sacerdote ficava no altar, os levitas ou o povo abatiam o cordeiro e o sangue era coletado em uma bacia de ouro. Então, assim que era tirado, o sacerdote em pé junto ao altar em que a gordura estava queimando jogava o sangue no fogo ou aos pés do altar. Você pode imaginar que cena foi essa. Dez mil cordeiros sacrificados e o sangue derramado em um rio púrpura. Em seguida, o cordeiro deveria ser assado, mas não deveria ter os ossos de seu corpo quebrados. Agora eu digo, não há nada além da crucificação que pode responder a todas essas três coisas. A crucificação contém derramamento de sangue — as mãos e os pés foram perfurados. Tem em si a ideia de assar, pois assar significa um longo tormento e, como o cordeiro esteve por muito tempo diante do fogo, assim Cristo, na crucificação, foi por muito tempo exposto ao sol escaldante e todas as outras dores que a crucificação produz "assaram" nele. Além disso, nenhum osso foi quebrado, o que não poderia ter acontecido com qualquer outra punição.

Suponha que fosse possível matar Cristo de qualquer outra forma. Às vezes, os romanos matavam criminosos por decapitação, mas com essa morte o pescoço é quebrado. Muitos mártires foram mortos quando uma espada os atravessou, mas, embora fosse uma morte sangrenta e não necessariamente um osso quebrado, o tormento não teria sido longo o suficiente para ser considerado como um "cozimento" em fogo. Fosse qualquer punição que quisessem, seja enforcado na forma do estrangulamento, como os romanos também praticavam, esse modo de punição não envolve derramamento de sangue e, consequentemente, os requisitos não teriam sido atendidos.

Eu acho que qualquer judeu inteligente, lendo este relato da Páscoa, e então olhando para a crucificação, deve se surpreender com o fato de que, na sentença e na morte na cruz pela qual Cristo sofreu devem ter ocorrido todas essas três coisas. Houve derramamento de sangue. Houve o longo sofrimento continuado — assar da tortura. E eles acrescentaram a isso, de maneira bastante singular, pela providência de Deus, que nenhum osso fosse quebrado, porém, o corpo fosse retirado da cruz intacto.

Alguns podem dizer que a combustão poderia ter respondido ao assunto, mas não haveria o derramamento de sangue nesse caso e os ossos teriam sido virtualmente quebrados no fogo. Além disso, o corpo não teria sido preservado inteiro. A crucificação era a única morte que poderia atender a todos os três requisitos. Minha fé ganha grande força pelo fato de que vejo meu Salvador não apenas como cumprimento do tipo, mas por ser a única tipificação perfeita e real em todos os detalhes requeridos.

Minha fé ganha grande força pelo fato de que vejo meu Salvador não apenas como cumprimento do tipo, mas por ser a única tipificação perfeita e real em todos os detalhes requeridos.

Meu coração se alegra ao olhar para aquele a quem eu transpassei e ver seu sangue, como o sangue de um cordeiro, aspergido no meu batente e na ombreira da porta, e ver seus ossos inteiros, crendo que nenhum osso de seu corpo espiritual será quebrado depois. Eu me regozijo, também, em vê-lo assado no fogo, porque assim vejo que ele satisfez a Deus por aquele assado que eu deveria ter sofrido no tormento do inferno para todo o sempre.

Cristão! Eu gostaria de ter palavras para descrever em uma linguagem melhor, mas como é, eu lhe dou os pensamentos não digeridos, que você pode levar para casa e viver durante a semana, pois você verá que este Cordeiro Pascal é um banquete de hora em hora, como a ceia, e você pode se alimentar dela continuamente, até que venha ao monte de Deus, onde você o verá como ele é, e adorará o Cordeiro ali mesmo.

COMO RECEBEMOS O BENEFÍCIO DO SANGUE DE CRISTO

Cristo, a nossa Páscoa, é sacrificado por nós. O judeu poderia dizer na ocasião que tomaria um cordeiro de acordo com o prescrito por Moisés, mas "o Cordeiro", mesmo Cristo, nossa

Páscoa, ainda não havia se tornado vítima. E há alguns dos meus ouvintes dentro destas paredes esta noite que não podem dizer: "Cristo, nossa Páscoa, é imolado por nós". Mas glória a Deus! Alguns de nós podemos. Não são poucos aqui que impuseram as mãos sobre o glorioso bode expiatório e agora podem colocar as mãos sobre *o Cordeiro*, e dizer: "Sim, é verdade, ele não foi só morto, mas Cristo, nossa Páscoa, foi morto por nós".

Nós recebemos o benefício da morte de Cristo de dois modos: primeiro, por ter seu sangue aspergido sobre nós para nossa *redenção*; em segundo lugar, por comermos sua carne para *alimentação*, *regeneração* e *santificação*. O primeiro aspecto em que um pecador vê Jesus é o de um cordeiro morto, cujo sangue é aspergido na ombreira e na verga da porta. Observe o fato de que o sangue nunca foi aspergido na soleira. Foi aspergido na verga da porta, no batente, mas nunca na soleira, porque ai daquele que pisoteia o sangue do Filho de Deus! Se o sacerdote de Dagom não ousava pisar no limiar de seu deus, quanto muito menos o cristão pisará no sangue do Cordeiro Pascal. Seu sangue deve estar à nossa mão direita, para ser a nossa guarda constante, e à nossa esquerda, para ser nosso apoio contínuo. Queremos que Jesus Cristo seja aspergido sobre nós. Como disse antes, não é só o sangue derramado no Calvário que salva um pecador, é o sangue de Cristo aspergido no coração.

Vamos voltar à terra do Egito. Veja o que está acontecendo esta noite! É noite. Os egípcios estão voltando para casa — sem pensar no que está por vir. No entanto, assim que o sol se põe, um cordeiro é trazido para cada casa dos hebreus. Os estrangeiros egípcios que passam por ali dizem: "Esses hebreus vão dar um banquete esta noite", e se retiram para suas casas totalmente descuidados com isso. O pai da casa hebreia pega seu cordeiro e, examinando-o mais uma vez com ansiosa curiosidade, o faz da cabeça aos pés para ver se há defeitos. Ele não encontra nenhum. "Meu filho", ele diz a um deles, "traz aqui a bacia". Ele esfaqueia o cordeiro e o sangue escorre para a bacia.

O senhor da casa, quando ordena à sua matronal esposa que asse o cordeiro diante do fogo, chama atenção: "Cuidado", ele diz, "que nenhum osso seja quebrado". Você vê sua ansiedade intensa quando ela o coloca para assar, temendo que um osso seja quebrado? "Agora", disse o pai, "traga ramo de hissopo". Uma criança o traz. O pai o mergulha no sangue. "Venham cá, meus filhos, esposa e todos, e vejam o que vou fazer". Ele pega o hissopo nas mãos, mergulha-o no sangue e espalha-o sobre a verga e a ombreira da porta. Seus filhos dizem: "O que você quer dizer com essa ordenança?" Ele responde: "Esta noite o Senhor Deus passará pela porta e não permitirá que o destruidor entre em suas casas para feri-los." O ato está feito, o cordeiro está cozido, os convidados estão acomodados, o pai da família suplicou a bênção, e eles agora estão sentados para o banquete. E observe como o ancião cuidadosamente separa a junta, para que um osso não seja quebrado, e ele faz questão de que o filho mais novo da família coma um pouco, pois assim o Senhor ordenou.

Você não acha que o vê quando ele lhes diz: "É uma noite solene — apressem-se — dentro de uma hora todos nós sairemos do Egito". Ele olha para suas mãos, que estão duras de trabalho, e, batendo palmas, grita: "Não serei mais escravo". Talvez seu primogênito vivesse sob açoite e ele diz: "Filho, você recebeu a chicotada do vigia nessa tarde, mas é a última vez que você sentirá isso". Ele olha para todos eles, com lágrimas nos olhos: "Esta é a noite em que o Senhor nos libertará".

Você os vê com os chapéus na cabeça, os lombos cingidos e os cajados nas mãos? É a calada da noite. De repente, eles ouvem um grito! O pai diz: "Fiquem dentro de casa, meus filhos, vocês saberão o que é em um momento". Agora outro grito — outro grito. Um grito sucede outro grito, eles ouvem gemidos e lamentações perpétuas. "Permaneçam dentro", diz ele, "o anjo agita-se no ar ao passar acima da porta marcada com sangue". Calma, diz o senhor, "esse sangue vai salvá-los". Os gritos aumentam. "Comam depressa, meus filhos", diz ele novamente, e em um momento os egípcios chegam, dizendo: "Tire-o daqui! Tire-o daqui! Não nos importamos com as joias que nos emprestou. Vocês trouxeram morte para nossas casas". "Oh!", diz uma mãe, "Vão! Pelo amor de Deus! Vão. Meu primogênito está morto!" "Vão!", diz um pai, "Vão! E a paz vá com vocês. Foi um dia mal quando o seu povo entrou no Egito, e nosso rei implorou para matar o seu primogênito, pois Deus está nos punindo pela nossa crueldade". Ah! Vê-los saindo da terra, os gritos ainda são ouvidos, as pessoas estão ocupadas com seus mortos. Na saída, um filho do Faraó é levado sem embalsamento para ser sepultado em uma das pirâmides. Agora eles veem um dos filhos de seu mestre de obras ser levado embora. Uma noite feliz para eles — quando escapam!

E vocês veem, meus ouvintes, um glorioso paralelo? Eles tinham de aspergir o sangue e comer o cordeiro. Ah! Minha alma, você já teve o sangue aspergido sobre você? Você pode dizer que Jesus é seu? Não é suficiente dizer: "ele amou o mundo e deu seu Filho", você deve dizer: "ele me amou e se entregou por mim".

Ah! Minha alma, você já teve o sangue aspergido sobre você? Você pode dizer que Jesus é seu? Não é suficiente dizer: "ele amou o mundo e deu seu Filho", você deve dizer: "ele me amou e se entregou por mim".

Há uma outra hora chegando, queridos amigos, quando todos nós estaremos diante do tribunal de Deus, e então ele dirá: "Anjo da morte, você feriu o primogênito do Egito, você conhece sua presa. Desembainhe sua espada". Eu vejo a multidão se reunindo, você e eu fazemos parte dela. É um momento solene. Todos os homens estão em suspense. Não há zumbido ou murmúrio ao redor. As próprias estrelas deixam de brilhar para que a luz não perturbe o ar com seu movimento. Tudo está parado. Deus diz: "Você selou aqueles que são meus?" "Sim", diz Gabriel, "eles estão selados com sangue, cada um deles". Ele diz a seguir: "Varra com sua espada da morte! Varra a terra! E mande os que estão despidos, os que não foram comprados e os que não foram lavados para o abismo". Oh! Como nos sentiremos amados, quando por um momento virmos aquele anjo apenas batendo suas asas? Ele está prestes a voar. "Mas", a dúvida passará por nossas cabeças, "talvez ele venha até mim?" Oh! Não, devemos ficar parados e olhar o anjo bem na sua face.

"Ousado eu devo resistir naquele grande dia!
Pois quem devo pôr sob meu comando?
Enquanto por meio do seu sangue sou absolvido
Da tremenda maldição e vergonha do pecado."

Se tivermos o sangue sobre nós, veremos o anjo chegando e sorriremos para ele, ousaremos chegar até a face de Deus e diremos:

"Grande Deus! Estou limpo!
Por meio do sangue de Jesus, eu estou limpo!"

Se, no entanto, meu ouvinte, seu espírito impuro estiver diante de seu Criador, se sua alma culpada aparecer com todas suas manchas negras sobre ela, não salpicadas das gotas carmesins, como você falará quando vir a luz da bainha da espada do anjo veloz para morte e destruição quando ela o dividir? Imagino que vejo você de pé agora. O anjo está levando mil outros ali. Lá está um de seus companheiros de taverna. Aquele com quem você dançou e blasfemou. Lá vai outro que, depois de servir na mesma igreja, como você, desprezava a religião. Agora a morte está mais perto de você. Assim como quando o ceifeiro varre o campo e a próxima espiga treme porque sua vez virá a seguir, eu vejo um irmão e uma irmã arrastados para dentro da cova. Então, ó rochas! Foi muita gentileza sua me esconder. Você não tem nenhuma benevolência em seus braços. Montanhas! Deixem-me encontrar em suas cavernas algum pequeno abrigo. Porém, é tudo em vão, pois a vingança fendeu as montanhas e abriu as rochas para me encontrar. Eu não tenho o sangue? Não tenho esperança? Ah! Não! Ele me abate. A condenação eterna é minha horrível porção. A profundidade da escuridão do Egito e os tormentos horríveis do abismo do qual ninguém pode escapar serão sua parcela!

Ah! Meus queridos irmãos, eu poderia pregar como eu gostaria, eu poderia falar com vocês sem meus lábios e com meu coração; assim, eu lhes ordeno que busquem aquele sangue aspergido, e os exorto pelo amor de sua própria alma, por tudo que é sagrado e eterno; trabalhem para fazer com que esse sangue de Jesus seja aspergido em sua alma. É o sangue aspergido que salva o pecador.

Porém, quando o cristão recebe o sangue aspergido, não é só isso que ele desejará. *Ele desejará algo para comer.* Que doce pensamento! Jesus Cristo não é apenas o Salvador de pecadores, mas é o alimento para eles depois que são salvos. Comemos o Cordeiro Pascal pela fé. Nós vivemos disso. Vocês podem dizer, meus ouvintes, se vocês têm o sangue aspergido sobre sua porta? Vocês comem do Cordeiro? Suponha por um momento que um dos judeus anciãos tivesse dito em seu coração: “Não vejo utilidade para este banquete. É totalmente correto aspergir o sangue na verga ou então a porta não será reconhecida, mas de que adianta tudo isso dentro? Vamos preparar o cordeiro, e não vamos quebrar esses ossos, mas não vamos comer dele”. E suponha que ele guardasse o cordeiro na dispensa. Qual teria sido a consequência? Ora, o anjo da morte o teria ferido assim como os demais, mesmo se o sangue estivesse sobre ele. E se, além disso, aquele velho judeu tivesse dito: "Vamos comer um pedacinho dele, mas teremos outra coisa para comer, comeremos alguns pães ázimos, não tiraremos o fermento de nossas casas, mas teremos pão fermentado". Se eles não tivessem consumido o cordeiro, mas tivessem guardado parte dele, então a espada do anjo os teria atingido como a qualquer outro homem naquela noite.

Oh! Querido ouvinte, você pode pensar que tem o sangue aspergido, você pode pensar que é justo, mas, se você não viver *em* Cristo, assim como *por* Cristo, você nunca será salvo pelo Cordeiro Pascal. "Ah!", dizem alguns, "não sabemos nada disso". Claro que não. Quando Jesus Cristo disse: "se você não comer a minha carne e não beber do meu sangue, você não terá vida", houve alguns que disseram: "Esta é uma palavra difícil, quem pode suportar?" e muitos daquele tempo voltaram atrás e não andaram mais com ele. Eles não conseguiam entendê-lo; no entanto, cristão, você não entende? Não é Jesus Cristo sua comida diária? E, mesmo com as ervas amargas, ele não é um doce alimento?

Não é Jesus Cristo sua comida diária? E, mesmo com as ervas amargas, ele não é um doce alimento?

Alguns de vocês, meus amigos, que são verdadeiros cristãos, vivem demais em suas mudanças de humor e sentimentos, em suas experiências e evidências. Isso é errado. É como se um adorador tivesse ido ao tabernáculo e começasse a comer uma das capas que o sacerdote usava. Quando um homem vive da justiça de Cristo, é o mesmo que comer as vestes de Cristo. Quando um homem vive de humor e sentimentos, é como se o Filho de Deus vivesse de alguns sinais que recebeu no santuário que nunca foram destinados à alimentação, mas apenas para confortá-lo um pouco. O que o cristão vive não é a justiça de Cristo, mas Cristo, ele não vive do perdão de Cristo, mas de Cristo, e em Cristo ele vive diariamente, na intimidade de Cristo.

Oh! Eu amo a pregação de Cristo. Não é a doutrina da justificação que faz bem ao meu coração, é Cristo, o justificador. Não é o perdão que tanto faz o coração do cristão se regozijar, é o Cristo perdoador. Não é a eleição que amo tanto como ter sido escolhido em Cristo antes que os mundos começassem! Não é a perseverança final que amo tanto quanto o pensamento de que em Cristo minha vida está oculta e que, visto que ele dá a vida eterna às suas ovelhas, elas nunca perecerão, nem qualquer homem as arrancará de sua mão. Cuidado, cristão, coma do Cordeiro Pascal e nada mais. Eu lhe digo, se você comer sozinho, será como pão para você — o melhor alimento da sua alma. Se você vive de outra coisa que não seja do Salvador, você é como alguém que procura viver de alguma erva daninha que cresce no deserto, em vez de comer o Maná que desce do céu. Jesus é o Maná. *Em* Jesus, assim como *por* Jesus, vivemos. Agora, queridos amigos, vindo a esta mesa, celebraremos a ceia da Páscoa. Mais uma vez, pela fé, comeremos do Cordeiro, por santa confiança chegaremos a um Salvador crucificado, e nos alimentaremos de seu sangue, justiça e expiação.

E, agora, para concluir, deixe-me perguntar: Você espera ser salvo, meu amigo? Alguém diz: "Bem, não sei, espero ser salvo, mas não sei como". Você imagina que eu lhe conto uma ficção quando digo que as pessoas esperam ser salvas pelas obras, mas de fato é uma realidade. Ao viajar pelo país, encontro todos os tipos de pessoas, entretanto, mais frequentemente vejo pessoas hipócritas. Quantas vezes me encontro com um homem que se considera muito piedoso porque vai à igreja uma vez no domingo, e que se considera mais justo porque pertence à instituição eclesiástica, como um anglicano me disse outro dia: "Eu sou um religioso severo". "Fico feliz com isso", disse a ele, "porque então você é calvinista, se você detém os *Artigos*",[3] e ele respondeu: "Não sei sobre os *Artigos*, vou mais pelas *Rubricas*".[4] Eu, então, concluí que ele era mais formalista do que cristão. Existem muitas pessoas assim no mundo.

Outro diz: "Acredito que serei salvo. Não devo nada a ninguém, nunca estive falido, pago a todo mundo, nunca fico bêbado e, se prejudico alguém em algum momento, tento compensar dando uma libra por ano para tal e tal instituição. Eu sou tão religioso quanto a maioria das pessoas, e acredito que serei salvo". Isso não vai funcionar. É como se algum velho judeu tivesse dito: "Não queremos o sangue na porta, temos

---

[3] Referência aos 39 Artigos de Religião, declaração doutrinária oficial da Igreja da Inglaterra, que é de linha calvinista-reformada.

[4] Referência às notas de explicação do *Livro de Oração Comum*, manual litúrgico oficial da Igreja da Inglaterra, que nos dias de Spurgeon muitos do movimento anglocatólico usavam para distorcer a doutrina oficial da Igreja com práticas ritualísticas parecidas com as da Igreja Católica Apostólica Romana.

uma porta de mogno, não queremos o sangue na ombreira da porta, temos uma ombreira de mogno". Ah! O que quer que fosse, o anjo o teria ferido se não tivesse sangue sobre ele. Você pode ser tão justo quanto quiser, se não tiver o sangue aspergido sobre si, toda a bondade de suas ombreiras e vergas não terá valor algum.

"Sim", diz outro: "não estou exatamente aí, acredito que seja meu dever ser o melhor que puder, mas acho que a misericórdia de Jesus Cristo fará o resto. Tento ser tão justo quanto as circunstâncias permitirem, e acredito que sejam quais forem as carências, Cristo as suprirá". É como se um judeu tivesse dito: "Criança, traga-me o sangue" e, então, quando esse fosse traído, ele dissesse: "traga-me um jarro de água" e, então, o pegasse, misturasse e borrifasse o batente da porta com isso. Ora, o anjo o teria ferido tão bem quanto a qualquer outra pessoa, pois *é sangue, sangue, sangue, sangue*! Que economia. Não é sangue misturado com a água das nossas pobres obras, é *sangue, sangue, sangue, sangue*, e nada mais! E a única forma de salvação é pelo sangue. Pois, sem derramamento de sangue não há remissão de pecados.

Tenham o sangue precioso aspergido sobre vocês, meus ouvintes, confiem no sangue precioso de Cristo. Que a esperança de vocês esteja em uma salvação selada com uma expiação de sangue precioso e, então, vocês serão salvos. Mas não tendo sangue, ou tendo sangue misturado com qualquer outra coisa, você está condenado por estar vivo — pois o anjo o matará, por mais justo e bom que você seja. Vá para casa, então, e pense nisto: "Cristo, nossa Páscoa, foi sacrificado por nós".

UMA MENSAGEM DOS EDITORES

Amigo leitor,

a GodBooks preza pelos princípios bíblicos, pela ética e pela legalidade. Temos convicção de que nossos leitores também.

Por isso, pedimos gentilmente que você não faça cópias desta obra em PDF ou outro formato, seja para uso doméstico, seja para revenda com fins de lucro. Tampouco que circule tais cópias por aplicativos de mensagens ou quaisquer outros meios. E que se recuse a receber exemplares em formato PDF — esta editora não publica livros nesse formato e certamente serão fruto de pirataria.

Gostaríamos de, amigavelmente, explicar por quê.

A GodBooks mantém suas atividades exclusivamente com a venda das obras que publica, sem ofertas nem subsídios de quaisquer indivíduos ou organizações. Também procura estabelecer preços calculados de forma justa, honesta e o mais acessíveis possível — sem ganância nem lucro exorbitante. Por isso, cópias ilegais em PDF provocam enorme impacto negativo sobre as atividades da editora, que depende somente de suas vendas para prosseguir publicando.

Muitas pessoas bem-intencionadas creem, de boa vontade, por desconhecimento ou porque foram instruídas de forma equivocada, que seria correto e legal obter para si ou repassar a terceiros cópias de livros em PDF ou outros meios, desde que não seja com fins lucrativos. Na realidade, cabe informar que não é. E a GodBooks entende que precisa esclarecer por quê.

O direito autoral está intimamente ligado à dignidade humana e não se trata de um "direito menor", mas de uma garantia constitucional, protegida pela Constituição Federal e por diversos tratados internacionais, como a Convenção de Roma e a Convenção de Genebra. Veja:

> *Constituição Brasileira:* Artigo 5 — XXVII — Aos autores pertence o direito exclusivo de utilização, publicação ou reprodução de suas obras, transmissível aos herdeiros pelo tempo que a lei fixar.
>
> *Declaração Universal dos Direitos do Homem:* XXVII 2 — Todo ser humano tem direito à proteção dos interesses morais e materiais decorrentes de qualquer produção científica literária ou artística da qual seja autor.

Além disso, a lei federal brasileira 9.610/98 determina:

> Artigo 28 — Cabe ao autor o direito exclusivo de utilizar, fruir e dispor da obra literária, artística ou científica.
>
> Artigo 29 — Depende de autorização prévia e expressa do autor a utilização da obra, por quaisquer modalidades, tais como: i – a reprodução parcial ou integral; [...] vii – a distribuição para oferta de obras ou produções mediante cabo, fibra ótica, satélite, ondas ou qualquer outro sistema que permita ao usuário realizar a seleção da obra ou produção para percebê-la em um tempo e lugar previamente determinados por quem formula a demanda, e nos casos em que o acesso às obras ou produções se faça por qualquer sistema que importe em pagamento pelo usuário; [...] x – quaisquer outras modalidades de utilização existentes ou que venham a ser inventadas.

Em síntese, a lei afirma a ilegalidade das cópias, mesmo sem fins lucrativos diretos, pois o direito de distribuição da obra é exclusivo do autor e somente pode ser feito a partir de sua expressa autorização.

Assim, mesmo que seja feita de forma gratuita ou sem fins lucrativos diretos, a distribuição é um ilícito civil — logo, é ilegal. A sanção para quem persiste na ilegalidade equivale ao valor das cópias distribuídas ou ao de três mil exemplares, se o número de cópias pirateadas for desconhecido (9.610/98, artigos 102 e 103).

E quem recebe o PDF ilegal? Está em ilegalidade? Sim. O artigo 104 estabelece:

> Quem vender, expuser a venda, ocultar, adquirir, distribuir, tiver em depósito ou utilizar obra ou fonograma reproduzidos com fraude, com a finalidade de vender, obter ganho, vantagem, proveito, lucro direto ou indireto, para si ou para outrem, será solidariamente responsável com o contrafator, nos termos dos artigos precedentes, respondendo como contrafatores o importador e o distribuidor em caso de reprodução no exterior.

Acreditamos que todos concordam que deixar de pagar o justo valor do livro a quem detém seus direitos (autor e editora) configura vantagem, proveito e lucro indireto. Afinal, *deixar de pagar o valor do livro evidentemente gera lucro a quem o faz, uma vez que não gasta o valor de compra*. Quanto a cópias com fins lucrativos diretos (revenda), o Código Penal, no artigo 184, deixa muito claro que é crime.

Portanto:

- *Cópias com fins lucrativos diretos*: o Código Penal brasileiro estabelece, no artigo 184, que configuram crime na esfera criminal.
- *Cópias para uso pessoal ou para repassar gratuitamente a terceiros, sem fins lucrativos diretos*: a lei 9.610/98 estabelece que configura ilegalidade na esfera civil.

Qual a diferença entre esfera criminal e civil? Ilícitos criminais são punidos mediante sanção corporal (prisão) e ilícitos civis são punidos mediante sanção não corporal (como indenizações). Mas ambos ilícitos configuram ilegalidade.

Para evitar quaisquer problemas, a GodBooks prefere orientar seus leitores, acreditando que, uma vez tomando ciência do que a lei diz, como cristãos farão o que é bom, correto, justo e honesto.

Conclusão: do jeito e com a intenção que for, cópias não autorizadas de livros em PDF são produto de ilegalidade, ferem a lei e vilipendiam a Constituição brasileira e diversos tratados internacionais — portanto, configuram pecado (veja ainda: 2Coríntios 11.8; Filipenses 4.15-16; 1Timóteo 5.17-18; 1Coríntios 9.13-14). E nada que é fruto de pecado abençoa vidas.

Acreditamos na honestidade de nossos leitores. Por isso, mediante todo o exposto acima, a GodBooks gentilmente pede que você não faça cópias desta obra para si, não repasse a terceiros, não a baixe da internet em formato PDF nem aceite receber por nenhum meio exemplares em PDF, pois certamente são pirateados e ilegais — logo, fruto de pecado.

Como cristãos, cumpramos a vontade de Deus, fazendo sempre o que é bom, justo, ético, moral, correto, honesto e legal, respeitando a lei de direitos autorais e o dedicado, honesto e extremamente custoso esforço dos autores e profissionais da GodBooks para produzir esta obra literária a fim de edificar a sua vida.

Uma explicação mais aprofundada do tema pode ser lida em: https://teologiabrasileira.com.br/os-pdfs-da-discordia/.

Se você tiver qualquer dúvida sobre esta questão, fique à vontade para nos contatar e responderemos com a maior alegria: contato@ godbooks.com.br.

Abraço fraterno,
Os editores

Ai daquele que edifica a sua casa com injustiça e os seus aposentos sem direito; que se serve do serviço do seu próximo, sem paga, e não lhe dá o salário do seu trabalho.

Jeremias 22.13

Sobre o autor

Charles Haddon Spurgeon nasceu em 19 de junho de 1834, em Kelvedon, Essex, na Inglaterra, o primeiro de 17 filhos. Ele foi convertido aos 16 anos, em uma tempestade de neve, por meio de um pregador leigo, e, um ano mais tarde, se tornou o pastor da Capela Waterbeach, em Cambridge. Nunca teve qualquer formação teológica formal. No entanto, foi, talvez, o pastor mais lido na Inglaterra.

Cerca de três anos mais tarde, em 1854, com 19 anos, ele começou seu ministério na New Park Street Church, em Londres, com cerca de 200 pessoas. Dois anos depois, 1856, ele se casou com Susannah Thompson, que lhe deu dois filhos gêmeos, Charles e Thomas (que sucedeu ao pai como pastor após a sua morte). Ele pregou nessa igreja, que mais tarde passou a se chamar Tabernáculo Metropolitano, por 38 anos e morreu com 57 anos, em 1892.

Spurgeon é considerado por muitos como um dos maiores pregadores desde os dias dos apóstolos. Ele havia pregado mais de 600 vezes antes que atingisse os 20 anos de idade. Naqueles tempos pré-rádio, pré-televisão e pré-internet, seus sermões vendiam cerca de 20.000 exemplares por semana, sendo traduzidos para 20 idiomas. Os sermões em coleção preenchem 63 volumes, equivalentes aos 27 volumes da nona edição da Enciclopédia Britânica, e se destacam como o maior conjunto de livros escritos por um único autor na história do cristianismo. Não havia microfones e ele projetou sua voz de forma que mais de 5.000 pessoas pudessem ouvi-lo semana após semana.[1]

John Piper

---

[1] Extraído da palestra inaugural no Reformed Theological Seminary, em Orlando (EUA), em 10 abril de 2013.

A GodBooks apoia a ONG Rice + Beans

A Editora GodBooks apoia a Rice + Beans Ministries (Rabmin), missão sediada em Costa Rica, Brasil e Estados Unidos que hospeda grupos de todo o mundo para servir na alimentação dos famintos, na entrega de roupas aos despossuídos, na educação das crianças, na visitação dos doentes e no compartilhamento do amor de Deus. O principal objetivo da Rabmin é encontrar pessoas onde elas estão, compartilhar o amor de Cristo e dar esperança que não decepcione, missão resumida no lema: *Vá. Viva. Ame.*

Para mais informações, visite o site da Rice + Beans Ministries: Rabmin.org

Conheça outras obras da GOD books

SEXO E SANTIDADE

Augustus Nicodemus

Em tempos de grande confusão sobre a sexualidade sadia, muitos cristãos acabam imersos em questionamentos sobre como lidar com essa área de sua vida sem negociar a fidelidade a Deus. É possível extrair o máximo de prazer do sexo sem acabar imerso em pecado e culpa? Como podemos ter uma vida sexual plena, intensa e prazerosa diante de nossas inclinações e de uma sociedade que questiona incessantemente o sexo bíblico? É o que Augustus Nicodemus responde em *Sexo e santidade*.

FELICIDADE VERDADEIRA

Heber Campos Jr.

As bem-aventuranças são um tratado sobre a verdadeira felicidade cristã. Para que você possa compreender com exatidão o que é a real alegria de um filho e uma filha de Deus, à luz do evangelho de Cristo, é necessário determinar o que define a vida de quem é verdadeiramente regenerado pelo Espírito Santo. E é isso que Heber Campos Jr. faz, com primazia, em *Felicidade verdadeira*.

UNIDADE PERFEITA

William Douglas, Igor Miguel, Maurício Zágari, Carol Bazzo e outros

Em *Unidade perfeita*, onze autores de diferentes linhas do cristianismo refletem sobre os benefícios que advêm da unidade do corpo de Cristo e os malefícios decorrentes do sectarismo em áreas que vão desde a santidade pessoal e a influência da igreja na sociedade até os esforços missiológicos, acadêmicos e evangelísticos.

O EVANGELHO DA PAZ E O DISCURSO DE ÓDIO

David Koyzis, Craig Blomberg, Timothy Dalrymple, Robinson Grangeiro, Davi Lago e outros

Três pensadores norte-americanos, um africano e nove brasileiros oferecem um diagnóstico de como os cristãos têm agido em dias de polarização e ódio, propõem tratamentos e indicam um prognóstico. A constatação é unânime: algo não está certo, e alguma atitude precisa ser tomada. Acomodar-se não pode ser o caminho, pois significa tornar-se cúmplice de um estado de coisas que confronta a mensagem da cruz.

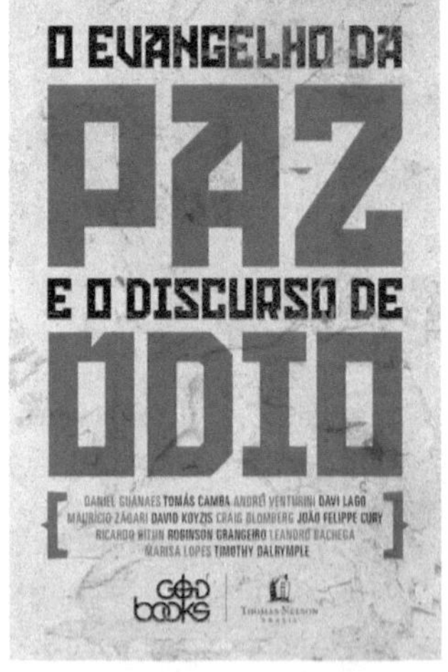

O IMPACTO DA HUMILDADE

Wilson Porte Jr.

Com o objetivo de chamar a atenção para quão desejável é a humildade e quão terrível é o pecado do orgulho, Wilson Porte Jr. apresenta, com base nos momentos decisivos da vida de Cristo, uma análise primorosa de como a arrogância é diabólica e como a humildade é divina e celestial e, por isso, precisa ser perseguida a todo custo. Uma leitura profundamente transformadora, com prefácio de Jonas Madureira.

REFORMADORAS

Rute Salviano Almeida e Jaqueline Sousa Pinheiro

Esta obra faz um brilhante trabalho de resgate da memória de filhas de Deus que devotaram a vida à causa do evangelho de Cristo e deram uma contribuição inestimável a um dos movimentos mais importantes da trajetória da Cristandade: a Reforma Protestante. Este livro é, também, um memorial que chama a atenção para o valor dos seres humanos do sexo feminino na manifestação do reino de Deus na terra.

Não havia ninguém que pudesse pregar como meu pai. Na variedade inesgotável, sabedoria graciosa, proclamação vigorosa, súplica amorosa e no ensino lúcido, com uma infinidade de outras qualidades, ele deve, pelo menos em minha opinião, ser considerado como o príncipe dos pregadores.

Charles Spurgeon Jr.

Livros para a edificação do leitor,
a unidade da Igreja e a glória de Deus

Entre em contato com a GodBooks:
contato@godbooks.com.br
Acesse nosso *site*:
www.godbooks.com.br

www.ingramcontent.com/pod-product-compliance
Lightning Source LLC
LaVergne TN
LVHW101929220826
846093LV00009B/403

* 9 7 8 6 5 8 9 1 9 8 2 3 9 *